Katja Büscher

Gedichtespaß in der Grundschule

Sprachgefühl verbessern · Wortschatz erweitern ·
Freude am Reimen wecken

Impressum

1. Auflage 2021
© 2021 AOL-Verlag, Hamburg
AAP Lehrerwelt GmbH
Alle Rechte vorbehalten.

Veritaskai 3 · 21079 Hamburg
Fon (040) 32 50 83-060 · Fax (040) 32 50 83-050
info@aol-verlag.de · www.aol-verlag.de

Redaktion: Kathrin Roth
Layout/Satz: © Satzpunkt Ursula Ewert GmbH,
Bayreuth
Coverfoto: Mangostar/stock.adobe.com
Illustrationen: Eulenpiktogramm und Lapbook-
schablonen: © Satzpunkt Ursula Ewert GmbH,
Bayreuth; Lapbook Märchen: © Petra Mönning;
alle übrigen Illustrationen: © Barbara Gerth

ISBN: 978-3-403-10668-5

Gedichtespaß in der Grundschule

Katja Büscher ist Autorin zahlreicher Kurzgeschichten und Gedichte für Kinder. 2020 erschienen ihre ersten beiden Bücher „Adler Alfred hat Angst" und „Oh Schreck, mein Schneckenhaus ist weg!" im AOL-Verlag. Ihr Leben, beruflich wie privat, spielt sich im Kölner Süden ab. Sie arbeitet dort als Förderschullehrerin an einer inklusiven Grundschule. Die kölsche Frohnatur führt seit vielen Jahren Schülerinnen und Schüler mit großer Freude an das Lesen heran. Ihr war es schon immer ein großes Anliegen, die Lese- und Schreibmotivation bei Kindern zu wecken und das Interesse an Geschichten und Gedichten zu fördern. Verregnete Nachmittage nutzt sie daher allzu gerne, ihren fantasievollen Gedanken freien Lauf zu lassen und lustige Geschichten zu verfassen. Zu ihren Hobbys gehören neben der Literatur und dem Schreiben auch der Sport und das Reisen.

Engagiert unterrichten. Begeistert lernen.

Inhaltsverzeichnis

Zu diesem Titel gibt es digitales Zusatzmaterial. Dazu gehören der Lösungsteil, ein Laufzettel und eine Gedichtkartei.

Ein paar Worte vorweg ...

Warum Gedichte in der Grundschule?

Gedichte sind wichtig für Kinder, denn sie helfen ihnen, ein besseres Sprachgefühl zu entwickeln. Oft kommen Schülerinnen und Schüler ohne ausreichende Deutschkenntnisse in die Schule. Bei vielen Kindern ist der Wortschatz nicht altersgemäß ausgebildet und/oder es fehlt die phonologische Bewusstheit. Der Einsatz von Gedichten im Unterricht ermöglicht eine besondere, motivierende Deutschförderung, die Grundsteine für den Schreib- und Leselernprozess legt. Insbesondere Kinder, die Schwierigkeiten mit der Sprache, dem Lesen oder dem Schreiben haben, bekommen durch den Umgang mit Gedichten eine Chance, ihr Sprachgefühl zu verbessern, ihren Wortschatz zu erweitern und den Leselernprozess zu unterstützen. Deshalb möchte ich mit meinem Buch die Freude am Spiel mit Wörtern und Reimen durch den Einsatz von Gedichten wecken.

Reagieren die Schülerinnen und Schüler beim Wort „Gedicht" oft erst noch zurückhaltend, habe ich es schon oft erlebt, dass sie kurze Zeit später mit hochroten Wangen ihre ersten eigenen Gedichte verfassen oder auf der Suche nach besonderen Reimpaaren sind.

Da sich das Thema „Gedichte" durch die Grundschulzeit zieht, kann das Unterrichtsmaterial die Schülerinnen und Schüler ab der zweiten Klasse begleiten. Durch die anspruchsvoller werdenden Arbeitsblätter und die zahlreichen Differenzierungsmöglichkeiten kann das Material in mehreren Jahrgangsstufen und bei allen Schülerinnen und Schülern eingesetzt werden. Es eignet sich als Unterrichtsreihe; Sie können aber auch nur einzelne Arbeitsblätter nutzen. Das Buch ist unabhängig vom jeweiligen Leselehrwerk einsetzbar und kann gut mit allen Lehrwerken kombiniert werden, denn in jedem Deutschbuch spielen Gedichte von Beginn an eine wichtige Rolle.

Zum Inhalt des Buches: Worum es in diesem Band geht

Die Schülerinnen und Schüler sollen in meinem Buch Gedichten nahekommen, Gedichte verstehen, Gedichte selbst schreiben und Gedichte vortragen. Dabei lernen die Kinder verschiedene Gedichte und Gedichtformen kennen. Sie lesen Gedichte, schreiben sie selbst und lernen kurze Gedichte auswendig. Zum Schluss haben die Kinder noch die Möglichkeit, ein eigenes Lapbook zu erstellen. Dieses können sie kreativ und nach eigenen Vorstellungen und mit eigenen oder fremden Gedichten gestalten (siehe Anmerkungen zu den einzelnen Arbeitsschritten weiter unten).

Die Schülerinnen und Schüler sollen ein Gefühl für Reime, Gedichte, Sprache und Rhythmus entwickeln. Es macht großen Spaß, eigene Gedichte zu verfassen und es ist sehr motivierend für die Kinder, da sie schnell zu ansprechenden Ergebnissen kommen werden.

Die ausgewählten Gedichte sind kindgerecht und witzig, regen aber auch zum Nachdenken an. Sie stammen allesamt aus meiner Feder.

Didaktische und methodische Hinweise

Das Material ist in fünf Bereiche unterteilt:
- Reimen, Versen und Gedichten nahekommen
- Gedichte verstehen und untersuchen & Mit Gedichten spielen
- Gedichtformen kennenlernen & Gedichte schreiben
- Gedichte vortragen, auswendig lernen und gestalten
- Gestaltung eines eigenen Gedichte-Lapbooks

Das Material kann auf verschiedenste Art und Weise eingesetzt werden:
- **Stations- oder Werkstattarbeit:** Das Material kann als Werkstatt verwendet werden. Dabei hat die Lehrkraft die Möglichkeit, individuell zu differenzieren und den Schülerinnen und Schülern für sie passende Laufzettel zu verteilen. Einen Vorschlag für einen Laufzettel finden Sie im Zusatzmaterial.
- **Unterrichtsreihe:** Die Arbeitsblätter können nacheinander im Unterricht als Reihe zum Thema „Gedichte" eingesetzt werden. Dafür kann man je nach Stufe und Leistungen der einzelnen Kinder ca. 8–10 Unterrichtseinheiten einplanen.
- **Gedichtsequenzen:** Neben der Stationsarbeit bevorzuge ich persönlich einzelne Gedichtsequenzen, die ich in den Unterricht miteinfließen lasse.
- **Vertretungsunterricht:** Die Gedichte können spontan im Vertretungsunterricht eingesetzt werden.
- **Wochenplanarbeit:** Das Material kann in den Wochenplan integriert werden.

Das Unterrichtsmaterial ist im Schwierigkeitsgrad ansteigend und kann in den Klassen 2 bis 4 eingesetzt werden. Es gibt vertiefendes, abwechslungsreiches und differenziertes Übungsmaterial mit Lösungen. Zudem gibt es Aufgaben, die mit einem Sternchen ✵ gekennzeichnet sind. Diese Aufgaben sind als Zusatzaufgaben gedacht. Die Lösungsblätter können z.B. als Kopien im Klassenraum ausgehängt werden und eignen sich zur Selbstkontrolle.

Die ersten Arbeitsblätter sind eher für jüngere Kinder mit geringeren Lese- und Schreibfertigkeiten vorgesehen, während die weiteren Übungen stetig anspruchsvoller werden.

Einige Arbeitsblätter sind differenziert, sodass die Lehrkraft über eine große Bandbreite an Material verfügt und sich so für jeden Leistungsstand der Schülerinnen und Schüler entsprechend bedienen kann. Zu erkennen sind die Schwierigkeitsgrade am Eulensymbol (eine Eule = leicht, zwei Eulen = anspruchsvoller).

Das Material kann sowohl von Klassen-, Vertretungs- und Fachlehrkräften sowie von Sonderpädagoginnen und Sonderpädagogen benutzt werden.

Aus eigener Erfahrung kann ich sagen, dass die meisten Schülerinnen und Schüler sehr gerne Gedichte vortragen und diese sogar bereitwillig auswendig lernen. Gerade auch schwächere Kinder habe ich sehr motiviert beim Auswendiglernen erlebt. Stolz wurden – auch kurze – Gedichte vorgetragen. Wenn über Gedichte gesprochen wird, können sich daraus nicht nur sehr interessante Unterrichtsgespräche entwickeln, sondern auch bemerkenswerte eigene Gedichte entstehen.

Anmerkungen zu den einzelnen Arbeitsschritten: Hinweise für Lehrkräfte

Im Folgenden gehe ich näher darauf ein, wie Sie die Materialien zu den einzelnen Themenbereichen in Ihrem eigenen Unterricht konkret einsetzen können:

Reimen, Versen und Gedichten nahekommen

Zunächst sollen die Kinder Reimwörter und Reimpaare finden und zuordnen. Dieser Schritt ist wichtig für die Entwicklung der phonologischen Bewusstheit. Dabei geht es um lustige Reimpaare, um Spiele und um Bewegung. Das Legespiel „Finde ein Reimpaar!" (ab S. 11) wird zu zweit gespielt. Dabei werden die Kärtchen ausgeschnitten und verdeckt auf den Tisch gelegt. Nun decken die Kinder nacheinander zwei Kärtchen auf. Haben sie ein Reimpaar gefunden, dürfen sie das Paar behalten. Das Kind mit den meisten Pärchen hat am Ende gewonnen.

Das **Anlegespiel** (siehe S. 13) wird zu zweit oder zu dritt gespielt. Spielen die Kinder zu zweit, bekommt jedes Kind zehn Karten und ein Kärtchen wird in die Mitte gelegt. Bei drei Mitspielenden bekommen alle jeweils sieben Karten und die Kinder einigen sich, wer beginnt und eine Karte auslegt. Das Kind, welches an der Reihe ist, schaut nach, ob es passend zu dieser Karte die entsprechende Wort- oder Bildkarte hat (z. B.: Haus – Maus). Die Karten können sowohl rechts als auch links angelegt werden. Das Kind, das zuerst keine Kärtchen mehr auf der Hand hat, hat gewonnen.

Neben den Spielen können die Schülerinnen und Schüler eine persönliche **Reim-Schatztruhe** (ab S. 16) anlegen. Dabei geht es im ersten Schritt darum, passende Reimwörter zu vorgegebenen Silben zu finden. Die zuzuordnenden Wörter sind zur Unterstützung vorgegeben. Bei besonders starken Schülerinnen und Schülern können die vorgegebenen Wörter unten auf dem Arbeitsblatt aber verdeckt, abgeschnitten oder nicht mitkopiert werden. So wird der Schwierigkeitsgrad erhöht. Die Reimwörtersammlung wird ausgeschnitten und in einem Briefumschlag gesammelt. Diese Reimwörter-Schatztruhe soll die Kinder während der folgenden Arbeitsschritte weiter begleiten und kann beliebig erweitert werden. Das Schatztruhen-Symbol 📦 auf einem Arbeitsblatt zeigt einen möglichen Einsatz der Reim-Schatztruhe an.

Beim Einsatz des **Bewegungsgedichtes** (siehe S. 19) liest zuerst die Lehrkraft das Gedicht vor und die Kinder hören zu. Im zweiten Schritt sollen sich die Schülerinnen und Schüler entsprechend der Anweisungen bewegen. Anschließend erhalten elf Kinder jeweils einen Abschnitt, der der Reihe nach vorgelesen wird. Die Kinder bewegen sich entsprechend der bekannten Anweisungen. Nach ein paar Sekunden ertönt ein akustisches Signal. Die Schülerinnen und Schüler kommen zur Ruhe und die nächste Anweisung wird vorgelesen.

Gedichte verstehen und untersuchen & Mit Gedichten spielen

Im nächsten Schritt lernen die Schülerinnen und Schüler, Gedichte zu verstehen. Sie müssen Gegenstände und Tiere anhand von Rätsel-Gedichten erraten, passende Bilder zu Strophen und Gedichten malen, sich zu Strophen bewegen und Texte wieder in eine Gedichtform bringen. Die Lehrkraft liest ein Lesespurgedicht vor. Dabei müssen die Kinder durch genaues Zuhören ein kleines Rätsel lösen, bevor sie selbst am Lesespurgedicht arbeiten können. Die Strukturen eines Gedichtes (Verse, Strophen, Reimschema) werden vermittelt und vertiefende Aufgaben zum Gedichtinhalt angeboten.

Gedichtformen kennenlernen & Gedichte schreiben

Im anschließenden Kapitel lernen die Schülerinnen und Schüler mehrere gängige Gedichtformen (Elfchen, Rondell, Akrostichon etc.) kennen und schreiben selbst Gedichte. Für diese Gedichtformen gibt es am Ende des Buches (ab Seite 60) jeweils passende Schmuckblätter als Kopiervorlagen für die Kinder. Gedichte werden durch eigene Worte verändert und geläufige Witze in Reimform werden in Witze zurückverwandelt.

Gedichte vortragen, auswendig lernen und gestalten

Die Schülerinnen und Schüler sollen Gedichte vortragen, auswendig lernen und gestalten. Hierzu werden Strukturen, die das Auswendiglernen erleichtern, vermittelt. Außerdem sollen die Kinder Gedichte in veränderten Stimmlagen und Atmosphären vortragen. Die Kinder sollten regelmäßig Gelegenheit dazu bekommen, Gedichte ihrer Wahl vorzutragen, auswendig zu lernen oder Gedichte, im Idealfall sogar eigene Gedichte, auf entsprechende Schmuckblätter zu übertragen. Daher gibt es einen kleinen Bewertungsbogen (siehe S. 58) für die Schülerinnen und Schüler, der verdeutlicht, worauf bei einem Gedichtvortrag geachtet werden sollte.

Abgerundet wird die Gedichte-Werkstatt am Ende mit einer **Gedichte-Rallye** (siehe S. 59), in der das erworbene Wissen rund um das Thema „Gedichte" abgefragt wird. Anhand eines Lösungswortes können die Schülerinnen und Schüler selbst die Richtigkeit ihrer Antworten überprüfen.

Gedichte-Lapbook

Im letzten Schritt sollen die Schülerinnen und Schüler ein Lapbook (eine Art Klappbuch) mit Gedichten erstellen. Hierzu benötigt die Lehrkraft für jedes Kind einen Bogen Tonpapier (am besten DIN A3, der anschließend auf DIN A4 gefaltet wird.

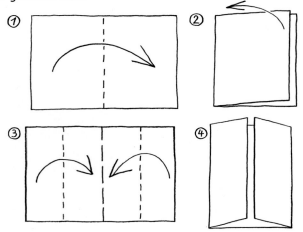

Zusätzlich gebraucht werden ein paar zugeschnittene Karten, Papierstreifen und Briefumschläge. Die Kinder haben die Möglichkeit, mithilfe der Kopiervorlagen und der Karten, Umschläge und Papierstreifen selbstständig, differenziert und individuell zu arbeiten. Diese Methode eignet sich hervorragend für den inklusiven Unterricht. Haben die Schülerinnen und Schüler noch nie ein Lapbook in anderen Fächern erstellt, so kann ich aus Erfahrung sagen, dass es sich anbietet, ein eigenes Lapbook als Anschauungsbeispiel vorab der Klasse zu präsentieren. Hier ein Beispiel für ein fertiges Lapbook zu einem anderen Klassiker des Deutschunterrichts, dem Thema „Märchen":

© Petra Mönning

Zum Abschluss der gesamten Gedichtreihe können die Lapbooks der Klasse in Form einer Partnervorstellung oder im Rahmen eines Museumsrundganges oder auch mündlich als Klassenvortrag präsentiert werden. Bestimmt finden sich auch noch einige Schülerinnen und Schüler, die es kaum erwarten können, fremde oder auch eigene Gedichte (auswendig) der Klasse vorzutragen.

Zusätzliche Anregungen

- Ein Gedicht auf ein Schmuckblatt übertragen, dieses verzieren und einem Freund / einer Freundin schenken
- Ein Gedicht auf ein Schmuckblatt übertragen und dieses verzieren. Das Gedicht nun in Einzelteile zerschneiden und es als Puzzle anbieten.
- Ein eigenes Gedicht – ohne thematische Vorgabe – schreiben
- Mit einem Gedicht ein Plakat erstellen und dieses mit Bildern, Fotos oder Zeichnungen gestalten
- Ein Gedicht am Computer schreiben
- Ein „Gedicht der Woche" bestimmen

Die Gedichtkartei

Im Zusatzmaterial finden Sie eine Gedichtkartei, die die Gedichte aus diesem Band enthält, sowie einige zusätzliche Texte. Alle Gedichte sind prima dazu geeignet, um vorgetragen, abgeschrieben oder auswendig gelernt zu werden. Die Gedichtkartei ist im A5-Format angelegt, sodass Sie leicht jeweils zwei Gedichte auf ein DIN-A4-Blatt drucken und in der Mitte auseinanderschneiden können. Die so entstandenen Karten werden im Idealfall einzeln laminiert und können als Gedichtkartei an einem bestimmten Ort im Klassenraum gesammelt liegen. So können Kinder und Lehrkraft jederzeit auf die Gedichte zurückgreifen.

Nun wünsche ich allen großartigen Gedichtespaß in der Grundschule!

Katja Büscher

Name:	Datum:

Finde die Reimwörter.

Tonne –   S ___ ___ ___
                    2

Hose –   R ___ ___ ___

alt –   k ___ ___ ___
                7

Tuch –   B ___ ___ ___
                6

Fackel –   D ___ ___ ___ ___ ___

Tisch –   F ___ ___ ___
            4

Flasche –   T ___ ___ ___ ___ ___
                        5

Nase –   H ___ ___ ___

Pinsel –   I ___ ___ ___ ___

Teller –   K ___ ___ ___ ___ ___

Matte –   R ___ ___ ___ ___

Schlange –   W ___ ___ ___ ___
                        1

Hund –   M ___ ___ ___
                    3

Lösungswort: ___ ___ ___ ___ ___ ___ ___
                      1   2   3   4   5   6   7

Finde eigene Reimpaare.

_____ – _____

_____ – _____

_____ – _____

_____ – _____

_____ – _____

Finde die Reimwörter. Manchmal gibt es mehrere Lösungen.

Tonne – ___ ___ ___ ___ ___
                                    2

Hose – ___ ___ ___ ___

alt – ___ ___ ___ ___
                        7

Tuch – ___ ___ ___ ___
                        6

Fackel – ___ ___ ___ ___ ___ ___

Tisch – ___ ___ ___ ___ ___
            4

Flasche – ___ ___ ___ ___ ___
                        5

Nase – ___ ___ ___ ___

Pinsel – ___ ___ ___ ___ ___

Teller – ___ ___ ___ ___ ___ ___

Matte – ___ ___ ___ ___ ___

Schlange – ___ ___ ___ ___ ___
                            1

Hund – ___ ___ ___ ___
                    3

Lösungswort: ___ ___ ___ ___ ___ ___ ___
         1   2   3   4   5   6   7

Finde eigene Reimpaare.

_____ – _____

_____ – _____

_____ – _____

_____ – _____

_____ – _____

Name: | Datum:

Male die Reimpaare in derselben Farbe an. Schreibe sie unten auf.

Matte	Lunge	Puppe	Torte
Bein	Spinne	Stein	Suppe
Rinne	Wurm	Zunge	Eisen
Reisen	Sorte	Turm	Ratte
Fackel	Pinsel	Dackel	Insel

_____ – _____

_____ – _____

_____ – _____

_____ – _____

_____ – _____

_____ – _____

_____ – _____

_____ – _____

_____ – _____

Name: Datum:

Welches Wort reimt sich <u>nicht</u> in der Reihe? Streiche es durch.

Haus	Buch	Maus	Klaus
Bach	Dose	Rose	Hose
Buch	Tuch	Fluch	Kind
Hand	Wand	Mauer	Rand
Wind	Tonne	Sonne	Wonne
Fach	Auto	Dach	Schach
Pfanne	Topf	Tanne	Kanne
Puppe	Stein	Bein	Wein
Zunge	Auge	Lunge	Junge
Suppe	Gruppe	Puppe	Teddy
Wand	Rand	Topf	Sand
sieben	Ziege	Wiege	Fliege
Topf	Zopf	Haar	Kopf

Legespiel: Finde ein Reimpaar!

- **Finde die Reimpaare.**
- **Schneide die Karten aus. Spiele mit einem Partner / einer Partnerin.**

Legespiel: Finde ein Reimpaar!

- **Finde die Reimpaare.**
- **Schneide die Karten aus. Spiele mit einem Partner / einer Partnerin.**

Ziege	Schiene	Wiese	vier
Biene	Dieb	Traube	Stamm
Sieb	Kamm	Stern	Fisch
Schraube	Bank	Stier	Buch
Stufe	Tuch	Schrank	Riese
Wiege	Tisch	Hufe	Kern

Anlegespiel

- **Schneide die Karten aus.**
- **Spiele mit einem Partner / einer Partnerin.**

Bein	🏠	Maus	🍲	Puppe	💍
Ding	☕	Kasse	💶	Feld	🛋️
Mofa	🐕	Mund	🪑	Fisch	🍾
Tasche	🪥	Schwamm	📖	Tuch	🚲
Bad	🌳	Traum	✋	Rand	🌲
Wanne	🏰	Wurm	🧑	Zunge	🍀
Tee	🐓	Zahn	🐇	Vase	🪨

Name:	Datum:

- **Lies das Gedicht.**
- **Ergänze die fehlenden Reimwörter.**
- **Trage das Gedicht vor.**

Zwickel, Zwackel, Zwockel

Zwickel, Zwackel, Zwockel
Gestatten, Frau Huhn und Herr _____.

Zwieber, Zwaber, Zweber
Gestatten, Frau Sau und Herr _____.

Zwiede, Zwade, Zwüde
Gestatten, Frau Hündin und Herr _____.

Zwiter, Zwoter, Zwater
Gestatten, Frau Katze und Herr _____.

Zworpel, Zwarpel, Zwerpel
Gestatten, Frau Ente und Herr _____.

Zwingst, Zwangst, Zwengst
Gestatten, Frau Stute und Herr _____.

Zwille, Zwalle, Zwulle
Gestatten, Frau Kuh und Herr _____.

Zwiler, Zwaler, Zweiler
Gestatten, Frau Bache und Herr _____.

Zwick, Zwack, Zwock
Gestatten, Frau Geiß und Herr _____.

Zwirten, Zworten, Zwarten
Die Tierparty kann jetzt _____.

Katja Büscher

Tipp: Eber, Kater, Gockel, Erpel, Hengst, Keiler, Bock, starten, Rüde, Bulle

- Lies das Gedicht und ergänze die fehlenden Reimwörter.
  Es geht (fast) immer darum, wie männliche und weibliche Tiere genannt werden.
- Trage das Gedicht vor.

Zwickel, Zwackel, Zwockel

Zwickel, Zwackel, Zwockel
Gestatten, Frau Huhn und Herr _____.

Zwieber, Zwaber, Zweber
Gestatten, Frau Sau und Herr _____.

Zwiede, Zwade, Zwüde
Gestatten, Frau Hündin und Herr _____.

Zwiter, Zwoter, Zwater
Gestatten, Frau Katze und Herr _____.

Zworpel, Zwarpel, Zwerpel
Gestatten, Frau Ente und Herr _____.

Zwingst, Zwangst, Zwengst
Gestatten, Frau Stute und Herr _____.

Zwille, Zwalle, Zwulle
Gestatten, Frau Kuh und Herr _____.

Zwiler, Zwaler, Zweiler
Gestatten, Frau Bache und Herr _____.

Zwick, Zwack, Zwock
Gestatten, Frau Geiß und Herr _____.

Zwirten, Zworten, Zwarten
Die Tierparty kann jetzt _____.

Katja Büscher

Die Reim-Schatztruhe

-agen	**-uchen**	**-ank**
● fragen	● buchen	● _____
● _____	● _____	● _____
● _____	● _____	● _____
● _____	● _____	● _____

-iese	**-aum**	**-ein**
● _____	● _____	● _____
● _____	● _____	● _____
● _____	● _____	● _____
● _____	● _____	● _____

-aus	**-ase**	**-ose**
● _____	● _____	● _____
● _____	● _____	● _____
● _____	● _____	● _____
● _____	● _____	● _____

-und	**-onne**	**-iege**
● _____	● _____	● _____
● _____	● _____	● _____
● _____	● _____	● _____
● _____	● _____	● _____

● **Finde passende Reimwörter zu den vorgegebenen Silben, schneide die Kärtchen auseinander und sammle sie in einem Briefumschlag, deiner Reim-Schatztruhe.**

● **Benutze die gesammelten Reimwörter bei deinen eigenen Gedichten.**

Ordne zu: sagen, lagen, Magen, Dank, Bank, Schrank, Tank, Wiese, miese, diese, Riese, Raum, Baum, kaum, Traum, Kuchen, suchen, fluchen, Maus, Haus, raus, Laus, Bein, sein, Wein, kein, Nase, Hase, Vase, Blase, Hund, wund, Mund, rund, Sonne, Wonne, Tonne, Nonne, Ziege, Liege, Wiege, Fliege, Lose, Dose, Rose, Aprikose

Meine persönliche Reim-Schatztruhe

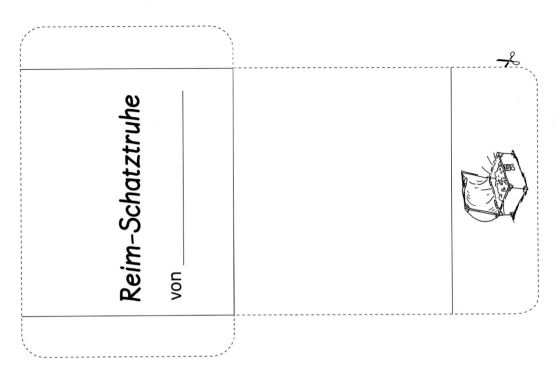

Bastelanleitung:

Die Schablone ausschneiden. An den Linien zu einem Umschlag falten.
Anschließend zusammenkleben.

Finde noch weitere eigene Reimwörter.

**Finde gemeinsam mit einem Partner / einer Partnerin Reimpaare.
Schreibt witzige Verse.**

> Beispiel: Wurm – Turm
>
> Ich stand auf einem Turm,
>
> da winkte mir von unten ein Wurm.

Diese Reimpaare helfen dir:

Wolkenbruch – Zauberspruch

Pudel – Sprudel

Suppe – Puppe

Ziege – Fliege

Hier ist Platz für deine Reimpaare:

_____ – _____

_____ – _____

_____ – _____

1. Spruch

_____

_____

2. Spruch

_____

_____

3. Spruch

_____

_____

Das Bewegungsgedicht

1. Hast du Lust, dich zu bewegen?
   Dann lass alles stehen und liegen!

2. Hüpfe nun herum
   und bleib dabei ganz stumm.

3. Hebe deine Hand
   und berühre damit die Wand.

4. Stehe jetzt auf einem Bein
   und mache dich ganz klein.

5. Stampfe mit dem Fuß
   und hebe eine Hand zum Gruß.

6. Hoppel wie ein Häschen
   und fass dir dabei an dein Näschen.

7. Beweg dich wie ein Stier,
   kennst du dieses Tier?

8. Jetzt beweg dich wie ein Elefant,
   dieses Tier ist dir bestimmt bekannt.

9. Und nun, wie macht die Kuh?
   Richtig, sie macht Muh.

10. Jetzt sei ein Schatz
    und geh zurück zu deinem Platz.

11. Mache deine Augen zu
    und komme wieder zur Ruh.

Hinweise für die Lehrkraft:

- Die Lehrkraft liest das Gedicht vor und die Schülerinnen und Schüler sollen sich entsprechend der Anweisungen bewegen.
- Danach erhalten elf Kinder jeweils einen Abschnitt des Gedichtes. Die Abschnitte werden der Reihe nach vorgelesen und die Kinder bewegen sich entsprechend der Anweisungen. Jeweils nach einem akustischen Signal sollen die Schülerinnen und Schüler zur Ruhe kommen und auf die nächste Anweisung achten.

Wer oder was bin ich?

Ergänze.

Ich bin schwarz und weiß,

ich mag es gar nicht heiß.

Ich lebe am Südpol,

hier fühle ich mich wohl.

Ich bin ein _____.

Ich bin dick und grau

und meine Haut ist rau.

Wo lebe ich wohl so?

In Afrika, Asien und auch im Zoo.

Ich bin ein _____.

Ich bin superlecker.

Mich gibt es beim Bäcker.

Obendrauf mit Sahne,

wie ist wohl mein Name?

Ich bin ein _____.

Ich bin wirklich ein Held,

denn ich blühe nicht nur gelb.

Pusteblume nennt man mich

und Kaninchen lieben mich.

Kennst du meinen anderen Namen? _____.

Ich bin rot und rund,

ich lande gerne im Mund.

Gewürzt mit Salz und Pfeffer

bin ich ein leckerer Treffer.

Ich bin eine _____.

Tipp: Kuchen, Tomate, Löwenzahn, Pinguin, Elefant

Wer oder was bin ich?

Ergänze.

Ich bin schwarz und weiß,
ich mag es gar nicht heiß.
Ich lebe am Südpol,
hier fühle ich mich wohl.

Ich bin ein _____.

Ich bin dick und grau
und meine Haut ist rau.
Wo lebe ich wohl so?
In Afrika, Asien und auch im Zoo.

Ich bin ein _____.

Ich bin superlecker.
Mich gibt es beim Bäcker.
Obendrauf mit Sahne,
wie ist wohl mein Name?

Ich bin ein _____.

Ich bin wirklich ein Held,
denn ich blühe nicht nur gelb.
Pusteblume nennt man mich
und Kaninchen lieben mich.

Kennst du meinen anderen Namen? _____.

Ich bin rot und rund,
ich lande gerne im Mund.
Gewürzt mit Salz und Pfeffer
bin ich ein leckerer Treffer.

Ich bin eine _____.

Ich hänge an der Wand,
manchmal auch am Armband.
Ich bin ständig auf Zack,
und mache leise ticktack ticktack.

Ich bin eine _____.

Name: Datum:

Eigene Rätsel erfinden

Schreibe ein eigenes Rätsel.

Wer oder was bin ich?

_____

_____

_____

_____

Ich bin ein/eine _____.

Wer oder was bin ich?

_____

_____

_____

_____

Ich bin ein/eine _____.

Tipp:

Versuche, Ball , Sonne , Blume , Baum , Stern ,

Regen 🌧 oder Auto 🚗 zu beschreiben, ohne das Wort zu benutzen.

Name:	Datum:

Eigene Rätsel erfinden

- **Schreibe ein eigenes Rätsel.**
- **Schreibe dein Rätsel als Reim auf.**

Wer oder was bin ich?

_____

_____

_____

_____

Ich bin ein/eine _____ .

Wer oder was bin ich?

_____

_____

_____

_____

Ich bin ein/eine _____ .

Wer oder was bin ich?

_____

_____

_____

_____

Ich bin ein/eine _____ .

- Lies das Gedicht. In diesem Gedicht gibt es Wörter, die du malen kannst.
- Schreibe das Gedicht ab und zeichne dabei einige Wörter, anstatt sie zu schreiben, z.B.:

Schnecke =

Die *Schnecke*

Es war einmal eine kleine *Schnecke*,
die aß sich durch eine ganze *Nussecke*.
Sie liebte den Schokoladenüberzug,
davon bekam sie nicht genug.

Und erst die knackigen *Nüsse*
– was für herrliche Genüsse!
Deshalb aß sie die *Ecken* tagein, tagaus
– jetzt passt sie nicht mehr in ihr *Schneckenhaus*.

_____

_____

_____

_____

_____

_____

_____

Name:	Datum:

Kannst du das?

„Kannst du dich rollen zu einem O?",
fragt Regenwurm Ringo den Floh.
Der Floh rollt sich hin und her –
nein, das ist zu schwer.

„Kannst du dich strecken wir ein E?",
fragt Regenwurm Ringo das Reh.
Das Reh streckt sich hin und her –
nein, das ist zu schwer.

„Könnt ihr euch kringeln zu einem Flecken?",
fragt Regenwurm Ringo die Schnecken.
Die Schnecken kringeln sich hin und her –
nein, das ist zu schwer.

„Kannst du dich legen wie ein Herz?",
fragt Regenwurm Ringo den Nerz.
Der Nerz legt sich hin und her –
nein, das ist zu schwer.

„Kannst du dich biegen zu einem U?",
fragt Regenwurm Ringo den Kakadu.
Der Kakadu biegt sich hin und her –
nein, das ist zu schwer.

„Kannst du stehen wie ein Flamingo?",
fragen die Tiere Regenwurm Ringo.
Regenwurm Ringo wackelt hin und her –
nein, das ist zu schwer.

- **Lies dir das Gedicht leise durch.**
- **Male zu jedem Abschnitt ein passendes Bild.**

 Suche dir einen Partner / eine Partnerin. Versucht, die Bilder/Figuren
mit dem Körper nachzustellen. Könnt ihr das?

Der Wattwurm und die Krabbe

Eines Tages – das Meer war gerade weg,
da streckt der Wattwurm seinen Kopf aus dem Versteck
und sagt zu einer Krabbe im Sand:
„Du bist die Schönste hier am Strand."

Da klappert die Krabbe mit ihren Scheren,
um sich gegen das Rotwerden zu wehren.
„Irgendwie freut mich das doch sehr,
wohnen wir doch beide hier im Meer."

Der Seehund zuckt begeistert mit der Schnauze
und reibt sich seine riesige Plauze.
Applaus kommt von den Muscheln:
„Ihr müsst nur vorsichtig kuscheln!"

Krabbe und Wurm wollen zusammenbleiben
und ab jetzt gemeinsam durch das Meer treiben.
So heiraten die Krabbe und der Wattwurm
und werden glücklich bei Ebbe, Flut und Sturm.

- **Lies dir das Gedicht leise durch.**
- **Male ein Bild zum Gedicht.**

Lesespurgedicht

Gespräch mit einem Huhn

Reporter: „Guten Tag Frau Huhn,
haben Sie an Ostern eigentlich viel zu tun?"

Huhn: „Das geht so weit –
die meiste Arbeit
machen meine Küken zur Osterzeit."

Reporter: „Wie viele Küken haben Sie?"

Huhn: „Ich habe zehn,
hier können Sie sie seh'n:

1. Küken Nummer eins
hört auf den Namen Karl-Heinz.
2. Küken Nummer zwei
isst am liebsten zerschmettertes Ei.
3. Küken Nummer drei
denkt, es wär' immer noch im Ei.
4. Küken Nummer vier
hält sich für ein ganz anderes Tier.
6. Küken Nummer sechs
ist das Grüne mit dem Klecks.
7. Küken Nummer sieben
wäre am liebsten mit Nummer drei im Ei geblieben.
8. Küken Nummer acht
schläft nie in der Nacht.
9. Küken Nummer neun
würde sich selbst am Eiersuchen erfreuen.
10. Küken Nummer zehn
ist mal wieder nirgends zu sehn."

Reporter: Halt – da stimmt doch etwas nicht.
Habt ihr noch die Übersicht?
Wisst ihr, welches Küken fehlt?

– PAUSE –

Reporter: Es ist die Fünf – ihr habt richtig gezählt.

● **Lest das Gedicht mit verteilten Rollen.**
● **Nummeriere die Küken in der richtigen Reihenfolge.**
● **Welches Küken fehlt? _____**

Name: | Datum:

Gedichtstrukturen kennenlernen (Teil 1)

Gedichte sind in Überschrift, Strophen und Verse unterteilt. Die Abschnitte eines Gedichtes nennt man Strophe. Eine Zeile im Gedicht heißt Vers. Bei Gedichten reimen sich die Wörter am Zeilenende.

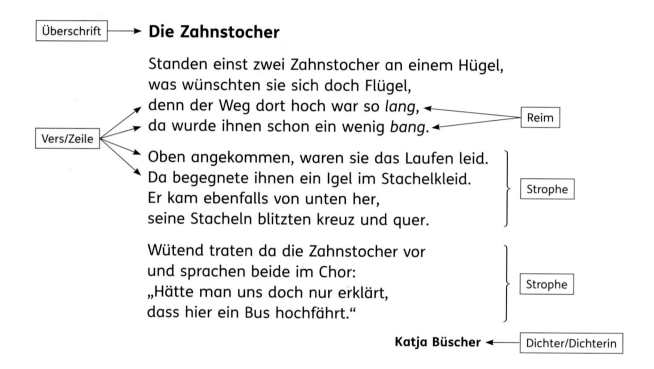

Die Wörter am Zeilenende können sich nach einem bestimmten Schema reimen.

Wenn sich die Verse <u>nacheinander</u> reimen, ist es ein <u>Paarreim</u>:

A
A
B
B

Wenn sich die Verse jeweils mit dem übernächsten Vers reimen, ist es ein <u>Kreuzreim</u>:

A
B
A
B

Beispiel Paarreim:

Es war einmal ein *Hecht,*   A
dem ging's ganz furchtbar *schlecht.*   A
Er wünschte sich Haare wie ein <u>Löwe</u>   B
und wollte fliegen wie eine <u>Möwe.</u>   B

Beispiel Kreuzreim:

Ein großes, dickes *Nilpferd,*   A
wollte einmal baden <u>gehen,</u>   B
doch es machte wieder *kehrt,*   A
denn keiner sollte es so <u>sehen.</u>   B

Gedichtstrukturen kennenlernen (Teil 2)

Die Zahnstocher

1 Standen einst zwei Zahnstocher an einem Hügel,
2 was wünschten sie sich doch Flügel,
3 denn der Weg dort hoch war so lang,
4 da wurde ihnen schon ein wenig bang.

5 Oben angekommen, waren sie das Laufen leid.
6 Da begegnete ihnen ein Igel im Stachelkleid.
7 Er kam ebenfalls von unten her,
8 seine Stacheln blitzten kreuz und quer.

9 Wütend traten da die Zahnstocher vor
10 und sprachen beide im Chor:
11 „Hätte man uns doch nur erklärt,
12 dass hier ein Bus hochfährt."

Katja Büscher

Die Überschrift heißt _____.

Die Dichterin ist _____.

Das Gedicht „Die Zahnstocher" besteht aus ____ Strophen und aus ____ Versen.

- **Unterstreiche die Reimpaare am Vers-Ende jeweils in derselben Farbe.**
- **Welches Reimschema hat das Gedicht „Die Zahnstocher"? Kreuze an.**

Paarreim ☐   Kreuzreim ☐

✦ Schreibe eine eigene Strophe, die sich reimt.
Entscheide dich zuerst für ein Reimschema.

_____

_____

_____

_____

Der Baum

Es war einmal ein kleiner Samen,
noch hatte er keinen Namen.
Ein Vogel hatte ihn unten am Berg hingelegt,
Sturm, Regen und Wind hatten ihn weitergeweht.

So hatte er endlich seinen festen Platz
und wuchs heran zu einem grünen Schatz.
Dazu brauchte er noch einige Zeit,
dann war er der größte Baum weit und breit.

Oben bauten die Vögel ihr Nest,
versteckt im knochigen Geäst.
Die Vögel liebten den Wind,
dann bewegten sich die Äste geschwind.

Die kleinen Amseln flogen laut hintereinander her,
das störte die dicken Tauben sehr.
Der Specht klopfte tagein tagaus
und nervte damit die Mäuse unten im Haus.

Abends winkten Eulen mit ihren Flügeln
gegenüber von den Hügeln.
Alle Tiere hatten viel Spaß,
selbst die Frösche quakten vergnügt im Gras.

- **Lies das Gedicht.**
- **Überlegt euch in einer Kleingruppe passende Bewegungen zu jeder Strophe.**
- **Ein Kind aus der Gruppe liest anschließend das Gedicht laut vor der Klasse vor und ihr bewegt euch entsprechend.**
- **Male den Baum mit den Tieren aus dem Gedicht.**

 Lest das Gedicht ein weiteres Mal laut vor. Vielleicht machen die anderen Kinder eure ausgedachten Bewegungen mit?

 Kannst du das Gedicht mithilfe der Bewegungen auswendig vortragen?

Name: Datum:

Ein Gedicht in die richtige Reihenfolge bringen

● **Schneide die Strophen unten auseinander.**
● **Klebe sie in der richtigen Reihenfolge auf.**
● **Trage das Gedicht der Klasse vor.**

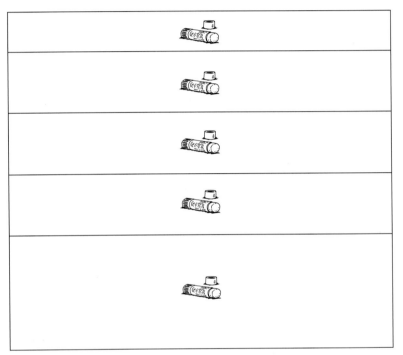

Deshalb aß und aß und aß
er immer, immer mehr.

Jetzt ist er dick und schwer,
rollt nur noch hin und her
und ist ein glücklich dicker Bär.

Katja Büscher

„Warum bin ich nicht so richtig schwer?",
fragte sich ein schlanker Bär.

Der Bär

Verlor beim Essen jedes Maß,
aber hatte dabei richtig Spaß.

Ein Gedicht untersuchen

Das Nilpferd

Strophe 1: Ein großes, dickes Nilpferd
wollte baden gehen,
doch es machte kehrt,
denn keiner sollte so es sehen.

Strophe 2: Waren am Strand vor Ort
doch zu viele Tiere dort.
Dem Nilpferd passte kein Badeanzug.
Doch dann reagierte es sehr klug.

Strophe 3: Es rollte durch den Sand,
machte lustige Bewegungen an Land.
War von oben bis unten mit Sand paniert
und konnte nun baden ganz ungeniert.

Strophe 4: Doch im Wasser ging der Sand verloren.
Da bekam das Nilpferd rote Ohren.
Musste aber sehr zu seinem Verdruss
wieder raus aus dem Fluss.

Strophe 5: Auf allen Vieren,
vorbei an vielen Tieren.
Doch was es jetzt wirklich glücklich machte?
Dass keines der Tiere lachte.

- **Lies das Gedicht „Das Nilpferd".**
- **Male dem Nilpferd einen schönen Badeanzug.**
- **Markiere die Reimpaare jeweils am Vers-Ende
  in derselben Farbe.**

© AOL-Verlag

Ein Gedicht untersuchen

- **Lies das Gedicht „Das Nilpferd".**
- **Markiere die Reimpaare jeweils am Vers-Ende mit derselben Farbe.**

Das Nilpferd

Strophe 1: Ein großes, dickes Nilpferd
            wollte baden gehen,
            doch es machte kehrt,
            denn keiner sollte so es sehen.

Strophe 2: Waren am Strand vor Ort
            doch zu viele Tiere dort.
            Dem Nilpferd passte kein Badeanzug.
            Doch dann reagierte es sehr klug.

Strophe 3: Es rollte durch den Sand,
            machte lustige Bewegungen an Land.
            War von oben bis unten mit Sand paniert
            und konnte nun baden ganz ungeniert.

Strophe 4: Doch im Wasser ging der Sand verloren.
            Da bekam das Nilpferd rote Ohren.
            Musste aber sehr zu seinem Verdruss
            wieder raus aus dem Fluss.

Strophe 5: Auf allen Vieren,
            vorbei an vielen Tieren.
            Doch was es jetzt wirklich glücklich machte?
            Dass keines der Tiere lachte.

- **Welches Reimschema erkennst du jeweils in den Strophen? Kreuze an.**

  Strophe 1: ☐ Paarreim   ☐ Kreuzreim
  Strophe 2: ☐ Paarreim   ☐ Kreuzreim
  Strophe 3: ☐ Paarreim   ☐ Kreuzreim
  Strophe 4: ☐ Paarreim   ☐ Kreuzreim
  Strophe 5: ☐ Paarreim   ☐ Kreuzreim

- **Warum ist das Nilpferd glücklich, als es aus dem Wasser kommt und keines der Tiere lacht?**

_____

_____

_____

_____

Zwei Gedichte entflechten

A	<u>Die Kerzen</u>
B	<u>Die Kuh</u>
	Eine Kuh isst viele Kräuter und schüttelt kräftig ihren Euter.
	Kerzen unterhalten sich: „Ist Wasser eigentlich gefährlich?"
	Da fragt die eine Kuh: „Hey, was machst denn du?"
	Erstaunte Kerzengesichter sind zu sehen. „Davon kannst du aber sowas von ausgehen."
	„Ich bekomme heute Besuch der Fasane, deshalb schlage ich schon mal die Sahne."

Die beiden Witzgedichte „Die Kerzen" (A) und „Die Kuh" (B) sind durcheinandergeraten.
- **Entflechte die beiden Gedichte, indem du die Reihen dem Gedicht A oder B zuordnest. Die Reimwörter am Ende jeder Zeile helfen dir dabei.**
- **Schreibe das Gedicht, das dir besser gefällt, auf ein Schmuckblatt ab.**

Zwei Gedichte entflechten

A	Die Kerzen
B	Die Kuh
	Eine Kuh isst viele Kräuter
	Kerzen unterhalten sich:
	und schüttelt kräftig ihren Euter.
	Da fragt die eine Kuh:
	„Ist Wasser eigentlich gefährlich?"
	„Hey, was machst denn du?"
	Erstaunte Kerzengesichter sind zu sehen.
	„Ich bekommt heute Besuch der Fasane,
	deshalb schlage ich schon mal die Sahne."
	„Davon kannst du aber sowas von ausgehen."

Die beiden Witzgedichte „Die Kerzen" (A) und „Die Kuh" (B) sind durcheinandergeraten.
- **Entflechte die beiden Gedichte, indem du jeden Vers dem Gedicht A oder B zuordnest. Die Reimwörter am Ende jeder Zeile helfen dir dabei.**
- **Schreibe das Gedicht, das dir besser gefällt, auf ein Schmuckblatt ab.**

Name:	Datum:

Ein Gedicht in Form bringen

Der Meister der Geister

Ein alter Herr möchte sein Schloss *verkaufen*, schon kommt ein Ehepaar dorthin *gelaufen*.
Doch sie können sich nicht recht *begeistern*, denn sie haben Angst vor *Geistern*.
„Ich habe beim Runden*drehen*, noch nie welche *gesehen*", sagt der alte *Herr* und informiert noch *mehr*.
„Wenn es welche gäbe, hätte ich es sofort *erfahren*, denn ich wohne hier schon seit über 500 *Jahren*."

- **Unterstreiche im Text die Wörter, die sich reimen.**
- **Schreibe dann das Gedicht in Gedichtform ab. Denke an die Überschrift.**

_____

_____ verkaufen,

_____ gelaufen.

_____ begeistern,

_____ Geistern.

„_____ drehen,

_____ gesehen",

_____ Herr

_____ mehr.

„_____ erfahren,

_____ Jahren."

- **Fällt dir ein eigener gruseliger Spruch ein? Diese Wörter können dir helfen:**
  lachen · krachen · Geister · Kleister · zittern · wittern

_____

_____

_____

Name:	Datum:

Ein Gedicht in Form bringen

Der Meister der Geister

Ein alter Herr möchte sein Schloss verkaufen, schon kommt ein Ehepaar dorthin gelaufen. Doch sie können sich nicht recht begeistern, denn sie haben Angst vor Geistern.

„Ich habe beim Rundendrehen, noch nie welche gesehen", sagt der alte Herr und informiert noch mehr.

„Wenn es welche gäbe, hätte ich es sofort erfahren, denn ich wohne hier schon seit über 500 Jahren."

- **Unterstreiche zuerst die Wörter im Text, die sich reimen.**
- **Schreibe dann das Gedicht in Gedichtform ab. Denke an die Überschrift.**

_____

_____ ,

_____ .

_____ ,

_____ .

„_____ ,

_____ ",

_____

_____ .

„_____ ,

_____ ."

- **Fällt dir ein eigener gruseliger Spruch ein? Schreibe ihn auf.**

_____

_____

_____

Der unglückliche Hecht

Es war einmal ein Hecht,
dem ging's ganz furchtbar schlecht.
Er wünschte sich Haare wie ein Löwe
und wollte fliegen wie eine Möwe.

Er wollte klettern wie ein Affe
und weit blicken wie eine Giraffe.
Er wollte gefährlich sein wie ein Bär
und wie ein Elefant so schwer.

Er wollte Zähne wie ein Krokodil
– ach, was wünschte er sich doch viel.
Da traf er einen Wurm, der am Angelhaken hing.
„Glaubst du, das hier ist mein Ding?"

Der Wurm hatte ein hochrotes Gesicht.
„Auf diesen Haken war ich nie erpicht.
Du schwimmst wenigstens frei im Meer!"
Da liebte der Hecht sein Leben auf einmal sehr.

- **Male den Hecht, wie er gerne sein würde!**

- **Suche die Reimwörter an den Vers-Enden.**
- **Unterstreiche die Reimpaare in derselben Farbe.**
- **Wo spielt das Gedicht? Kreuze an!**

☐ in der Wüste   ☐ in einer Stadt   ☐ im Wald   ☐ im Meer

Der unglückliche Hecht

Es war einmal ein Hecht,
dem ging's ganz furchtbar schlecht.
Er wünschte sich Haare wie ein Löwe
und wollte fliegen wie eine Möwe.

Er wollte klettern wie ein Affe
und weit blicken wie eine Giraffe.
Er wollte gefährlich sein wie ein Bär
und wie ein Elefant so schwer.

Er wollte Zähne wie ein Krokodil
– ach, was wünschte er sich doch viel.
Da traf er einen Wurm, der am Angelhaken hing.
„Glaubst du, das hier ist mein Ding?"

Der Wurm hatte ein hochrotes Gesicht.
„Auf diesen Haken war ich nie erpicht.
Du schwimmst wenigstens frei im Meer!"
Da liebte der Hecht sein Leben auf einmal sehr.

- **Unterstreiche die Reimpaare am Vers-Ende in derselben Farbe.**
- **In welchem Reimschema ist das Gedicht geschrieben?** _____
- **Wo spielt das Gedicht? Kreuze an!**

  ☐ in der Wüste ☐ in einer Stadt ☐ im Wald ☐ im Meer

- **Was passiert in dem Gedicht? Kreuze an! Mehrere Kreuze sind möglich.**
  - ☐ Der Hecht ist glücklich im Meer.
  - ☐ Der Hecht verliebt sich in einen Krebs.
  - ☐ Der Hecht trifft einen Wurm.
  - ☐ Der Hecht ist unglücklich.
  - ☐ Der Hecht ist stolz auf seine wunderschönen Schuppen.

- **Warum geht es dem Hecht so schlecht?**

  _____

  _____

- **Welches Tier wärst du gerne? Begründe!**

  _____

  _____

- **Male den Hecht, wie er gerne sein würde, auf die Rückseite des Arbeitsblattes.**

Name: Datum:

Das Elfchen

Miau ☐

weiches Fell ☐

spielt mit mir ☐

Ich liebe kleine Katzen ☐

niedlich ☐

- **Wie viele Verse (Zeilen) hat das Gedicht?** _____

- **Zähle die Wörter in jedem Vers und schreibe die Anzahl in die Kästchen.**

  Wie viele Wörter sind es insgesamt? _____

- **Warum heißt diese Gedichtform Elfchen? Was meinst du?**

_____

_____

Merke:

Ein Elfchen ist eine Gedichtform, die aus genau 11 Wörtern und 5 Zeilen besteht. Jede Zeile hat eine bestimmte Anzahl an Wörtern. Ein Elfchen beschreibt ein Ereignis und es muss sich nicht reimen.

So ist ein Elfchen aufgebaut:

1. Zeile: Ein Wort gibt das Thema vor.
2. Zeile: Zwei Wörter beschreiben das Thema genauer.
3. Zeile: Drei Wörter beschreiben, was passiert.
4. Zeile: Vier Wörter beschreiben eigene Gefühle und Gedanken.
5. Zeile: Ein Schlusswort beendet das Elfchen.

- **Schreibe ein eigenes Elfchen auf ein Schmuckblatt.**

Gute Themen sind z. B. Tiere, Jahreszeiten, Schule, Sport, Natur.

Name:	Datum:

Das Akrostichon

F reude   H immel

E ndlich   E nde

R eisen   R egen

I talien   B lätter

E is   S turm

N ett   T rostlos

Merke:

Ein Akrostichon ist eine griechische Gedichtform, bei der die Buchstaben eines Wortes senkrecht untereinanderstehen.
Jeder dieser Buchstaben bildet den Anfang eines neuen Wortes oder Satzes.

H _____   D _____

U _____   O _____

N _____   S _____

D _____   E _____

S _____   B _____

O _____   L _____

N _____   U _____

N _____   M _____

E _____   E _____

● **Schreibe ein Akrostichon!**
   Jeder Buchstabe bildet den Anfang eines neuen Wortes.

● **Nimm dir ein Schmuckblatt und schreibe ein eigenes Akrostichon.**
   Schreibe die Anfangsbuchstaben groß und verziere sie.

Das Akrostichon

F rei sein.

E ndlos lange schlafen.

R eisen überall hin.

I talien ist toll.

E is schmeckt super.

N ett ist das.

H eute beginnt der Herbst.

E s wird kälter.

R egen fällt vom Himmel.

B unte Blätter liegen auf dem Boden.

S iehst du einen Drachen?

T üren schlagen im Wind.

Merke:

Ein Akrostichon ist eine griechische Gedichtform, bei der die Buchstaben eines Wortes senkrecht untereinanderstehen.
Jeder dieser Buchstaben bildet den Anfang eines neuen Wortes oder Satzes.

H _____ .

U _____ .

N _____ .

D _____ .

- **Schreibe ein Akrostichon!**
  Jeder Buchstabe bildet den Anfang eines neuen Satzes.

- **Nimm dir ein Schmuckblatt und schreibe ein weiteres Akrostichon.**
  Schreibe die Anfangsbuchstaben groß und verziere sie.

Das Rondell

Überschrift:	Sommer
Zeile 1:	Ich liebe den Sommer.
Zeile 2:	Der Sommer macht gute Laune.
Zeile 3:	Jeden Tag geht es ins Freibad.
Zeile 4:	Ich liebe den Sommer.
Zeile 5:	Es gibt viel Eis zu essen.
Zeile 6:	Ich spiele immer draußen.
Zeile 7:	Ich liebe den Sommer.
Zeile 8:	Der Sommer macht gute Laune.

- **Aus wie vielen Zeilen besteht ein Rondell?** _____

- **Unterstreiche gleiche Sätze in jeweils derselben Farbe.**

- **Welche Zeilen sind gleich?** ____ , ____ , ____ und ____ , ____

Merke:

Ein Rondell hat eine Überschrift.
Ein Rondell besteht aus 8 Zeilen.
In jeder Zeile steht ein Satz.
Die Zeilen 1, 4 und 7 sind gleich.
Die Zeilen 2 und 8 sind gleich.
Die Zeilen 3, 5 und 6 beschreiben das Thema des Gedichtes genauer.

Schreibe ein eigenes Rondell auf ein Schmuckblatt.
- **Worüber möchtest du schreiben? Denke dir eine Überschrift aus.**
- **Überlege dir einen Satz zu dem Thema.**
- **Schreibe diesen Satz in die Zeilen 1, 4 und 7.**
- **Überlege dir einen weiteren Satz und schreibe ihn in die Zeilen 2 und 8.**
- **Was fällt dir noch ein? Schreibe diese Sätze in die übrigen Zeilen.**

Gute Themen sind z. B. Tiere, Jahreszeiten, Schule, Sport, Natur, Träume.

Name: Datum:

Das Haiku

Sommergefühle ☐

Sonne und manchmal Regen ☐

eine tolle Zeit ☐

- **Aus wie vielen Versen (Zeilen) besteht das Haiku?** ☐
- **Zähle die Silben in jeder Zeile und schreibe die Anzahl in die Kästchen.**

Der Sportunterricht ☐

Macht uns allen großen Spaß ☐

Dann ist Schule toll ☐

- **Aus wie vielen Zeilen besteht das Haiku?** ☐
- **Zähle die Silben in jeder Zeile und schreibe die Anzahl in die Kästchen.**

Merke:

Das Haiku stammt aus Japan und besteht
aus 3 Zeilen und 17 Silben.
1. Zeile: 5 Silben
2. Zeile: 7 Silben
3. Zeile: 5 Silben

- **Fällt dir zu diesem Haiku eine passende 1. Zeile ein? Beachte: Die 1. Zeile besteht aus 5 Silben.**

_____

bunt verpackte Geschenke

Geburtstag feiern

Name: | Datum:

Das Haiku

- **Die beiden Haikus sind durcheinandergeraten.**
- **Setze zuerst Silbenbögen.**
- **Schreibe die Haikus dann richtig auf.**
  Bei einem Haiku gibt es 2 Möglichkeiten.

Flocken fallen vom Himmel.

Ein Gewitter kommt.

Dunkle Wolken ziehen auf.

Die Sonne scheint heiß.

Es ist bitterkalt.

Endlich ist Winter.

Haiku 1:

_____ (5 Silben)

_____ (7 Silben)

_____ (5 Silben)

Haiku 2:

_____ (5 Silben)

_____ (7 Silben)

_____ (5 Silben)

- **Welches Haiku gefällt dir besser? Begründe!**

_____

_____

_____

Schreibe ein Haiku!

- **Sammle zuerst Wörter zu einem Thema.**
- **Zähle die Silben.**
- **Schreibe dein eigenes Haiku.**
- **Überprüfe, ob dein Gedicht der Haiku-Form entspricht.**

Thema: _____

_____   Anzahl der Silben: _____

_____   Anzahl der Silben: _____

_____   Anzahl der Silben: _____

_____   Anzahl der Silben: _____

_____   Anzahl der Silben: _____

_____   Anzahl der Silben: _____

_____   Anzahl der Silben: _____

_____   Anzahl der Silben: _____

_____   Anzahl der Silben: _____

Mein Haiku

_____   (5 Silben)

_____   (7 Silben)

_____   (5 Silben)

- **Lies dein Haiku einer Freundin oder einem Freund aus deiner Klasse vor.**
- **Übertrage dein Haiku auf ein weißes Blatt, verziere es und schenke es deinen Eltern oder einem Kind aus deiner Klasse.**

Limerick

Zeile 1: Die schrullige Tante Tarantula

Zeile 2: mochte für ihr Leben gern Köttbullar.

Zeile 3: Sie aß sie mal mit Reis

Zeile 4: und manchmal auch mit Eis,

Zeile 5: auch sonntags, das ist ja wohl klar.

- **Wie viele Zeilen hat das Gedicht?** _____

- **Markiere die Reimwörter jeweils in derselben Farbe.**

- **Welche Zeilen reimen sich?** ____, ____, ____ und ____, ____

Merke:

Ein Limerick ist ein kurzes, lustiges Gedicht mit 5 Zeilen.
In der 1. Zeile wird meistens eine Person oder ein Ort genannt.
Die 1., 2. und 5. Zeile reimen sich.
Ebenso reimen sich die 3. und 4. Zeile. Sie sind auch kürzer.
Das Reimschema ist: a a b b a.

- **Schreibe einen eigenen Limerick.**

Zeile 1: _____

Zeile 2: _____

Zeile 3: _____

Zeile 4: _____

Zeile 5: _____

Name:	Datum:

Schokolade mag ich nicht

Schokolade mag ich nicht,
Pudding mag ich nicht,
Kekse mag ich nicht,
Eis mag ich nicht.

Rosenkohl mag ich wohl sehr,
Spinat mag ich schon etwas mehr,
Grünkohl noch viel mehr
und Leberwurst mag ich sehr.

Katja Büscher

_____

_____ mag ich nicht,

_____ mag ich nicht,

_____ mag ich nicht,

_____ mag ich nicht.

_____ mag ich wohl sehr,

_____ mag ich schon etwas mehr,

_____ noch viel mehr

und _____ mag ich sehr.

- **Was magst du nicht? Setze selbst Wörter ein. Du kannst auch Gegenstände und Tätigkeiten/Verben benutzen. Denke an eine Überschrift.**
- **Vergleiche dein Gedicht mit dem der anderen Kinder und lest euch eure Gedichte gegenseitig vor.**

Name:	Datum:

Das Namenwort-Gedicht

Vater und Kind
Sonne und Wind

Himmel und Sterne
Nähe und Ferne

Katze und Hund
Nase und Mund

Haar und Zopf
Milch und Topf

Katja Büscher

_____

_____

_____

_____

_____

_____

_____

- **Schreibe das Namenwort-Gedicht weiter.**
- **Lies das Gedicht deinem Partner / deiner Partnerin vor.**

Tipp: Finde zuerst die Reimwörter. Bilde dann die Paare!
Berate dich mit deinem Partner / deiner Partnerin.

| Name: | Datum: |

Das Gegenteil-Gedicht

langsam und schnell
dunkel und hell

groß und klein
grob und fein

jung und alt
warm und kalt

laut und leise
dumm und weise

Katja Büscher

_____

_____

_____

_____

_____

_____

_____

- **Schreibe das Gegenteil-Gedicht weiter.**
- **Lies das Gedicht deinem Partner / deiner Partnerin vor.**

Tipp: Finde zuerst die Reimwörter. Bilde dann die Paare!
   Berate dich mit deinem Partner / deiner Partnerin.

Die Am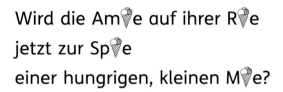e und die M🍦e

Es war einmal eine kleine Am🍦e,
die nicht weiterkrabbeln wollte,
obwohl sie eigentlich sollte.

Da zog plötzlich eine M🍦e
sehr, sehr l🍦e
am Himmel ihre Kr🍦e.

Wird die Am🍦e auf ihrer R🍦e
jetzt zur Sp🍦e
einer hungrigen, kleinen M🍦e?

Nein – die Am🍦e hatte Glück,
denn die M🍦e flog zurück
und aß 'nen Wurm Stück für Stück.

- **Schreibe das Gedicht richtig auf ein Schmuckblatt.**

  Für „🍦" schreibst du „eis"

  z.B. M🍦e = Meise

  Sp🍦e = Speise

  Kr🍦e = Kreise

- **Denke dir selbst ein Gedicht mit „acht" aus.**
  Schreibe es auf ein Schmuckblatt.

  Für „acht" schreibst du „8", z.B.:

Nacht	=	N8
lacht	=	l8
aufgewacht	=	aufgew8
Schacht	=	Sch8

Name:	Datum:

Ein Gedicht zu einem Text umschreiben

Diese kurzen Gedichte waren ursprünglich Witze. Sie wurden zu Gedichten umgeschrieben:

Herr Müller

Herr Müller aß einen Pilz,
jetzt schmerzt alles – selbst die Milz
Bekommt vom Arzt nun einen Rat,
für seinen nächsten Pilzsalat.
Soll nur noch Pilze essen, die er kennt,
zu einem Problem er sich jetzt bekennt:
Er kennt doch nur den Einen:
Den Fliegenpilz – den Gemeinen.

Der kleine Wurm

Der kleine Wurm Sören,
der liebte es zu raufen
und überhörte Papas Warnungen vor Schlaufen.
Auch Mutter hatte es verboten,
doch Sören wollte nicht hören,
und lebt jetzt mit einem Knoten.

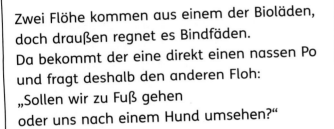

Zwei Flöhe im Regen

Zwei Flöhe kommen aus einem der Bioläden,
doch draußen regnet es Bindfäden.
Da bekommt der eine direkt einen nassen Po
und fragt deshalb den anderen Floh:
„Sollen wir zu Fuß gehen
oder uns nach einem Hund umsehen?"

Der Vogel

Wenn ein Vogel sein Geschäft
aus der Luft so fallen lässt
und es bleibt auf deinem Kopf liegen,
dann sei dennoch zufrieden.
Denn stell' dir nur mal vor,
Kühe könnten fliegen.

- **Welches Gedicht findest du am lustigsten?**

_____

_____

- **Schreibe das Gedicht wieder in einen Witz um, der sich nicht mehr reimt.**

_____

_____

_____

_____

- **Trage deinen Witz der Klasse vor.**

Name: Datum:

Einen Text zu einem Gedicht umschreiben

● **Wie heißt dein Lieblingswitz?**

_____

_____

● **Schreibe deinen Lieblingswitz auf.**

_____

_____

_____

_____

_____

_____

● **Schreibe deinen Witz zu einem Gedicht um. Finde zuerst Reimpaare.**

_____   _____

_____   _____

_____   _____

_____   _____

_____   _____

● **Schreibe jetzt das Witzgedicht.**

_____

_____

_____

_____

_____

_____

Name:	Datum:

Ein Gedicht vortragen

Ein gruseliges Gewitter

Große, graue Wolken am Himmel,
ein schreckliches Wolkengewimmel.
Da kommt starker Regen,
Pfützen bilden sich auf den Wegen.

Große, dunkle Tropfen fallen,
ich höre sie auf den Boden knallen.
Es kommt immer mehr Wasser,
es wird immer nasser.

Es kommt ein schlimmes Gewitter,
der Strom fällt aus – das ist bitter.
Dunkel ist es – habe nun kein Licht
und etwas stimmt hier nicht.

Ich verstecke mich unter meiner Decke
und sehe Schatten hinter der Hecke.
Es ist jemand an der Tür,
das habe ich im Gespür.

Und es ist jemand am Fenster –
ich glaube, ich sehe Gespenster.
Oh nein, ich bin ganz allein
und glaube, hier will jemand rein.

Will wirklich jemand ins Haus?
Ängstlich blicke ich aus dem Fenster raus.
War das an der Tür etwa ein Klopfen?
Nein, das alles sind bloß Regentropfen.

- **Versuche, das Gedicht so vorzulesen, dass es ganz schaurig und gruselig klingt.**
- **Ihr könnt zum Gedichtvortrag den Klassenraum verdunkeln und eine Kerze anzünden.**
- **Schreibe das Gedicht ab und gestalte dazu ein schauriges Schmuckblatt.**

Ein verrückter Gedichtvortrag

Gedicht 1:

Hopflemoff und Topflemoff

Hopflemoff und Topflemoff

Tripsemi und Mipsemie

Trimmelmatt und Trommelwatt

Minnerauch und Stinnebauch

Tattari und Mattamie

Wer das spricht, ist ein Genie!

Gedicht 2:

Stinkedipp und Schneckenfett

Stinkedipp und Mörtelquark

das macht alle Frösche stark.

Regenguss und Morgentau

das macht alle Füchse schlau.

Töpferkrach und Miefebach

das macht alle Faulen wach.

Wolfsgejaul und Hundegebell

das macht alle Katzen schnell.

Rinderöl und Schneckenfett

das macht alle Kinder nett.

- ● **Suche dir ein Gedicht aus.**
- ● **Trage es mit veränderter Stimme vor. Du kannst:**
  - – flüstern,
  - – rufen,
  - – die Wörter falsch betonen,
  - – das Gedicht ernst vortragen.
- ● **Vielleicht hast du auch noch eine andere Idee, wie du das Gedicht vortragen kannst.**

Name: | Datum:

Tierisches Unsinnsgedicht

Die Kuh macht Muh

Schaf Schäh macht Wau,
Hund Hau macht Mäh.

Katze Kiau macht Oink,
Schweinchen Schoink macht Miau.

Vogel Viep macht Guru,
Taube Turu macht Piep.

Huhn Hack macht Summ,
Biene Brumm macht Gack.

Frosch Fak macht Uhu,
Uhu Schuhu macht Quak.

Und wie machst du?

- **Die Verse sind durcheinandergeraten. Bringe sie wieder in die richtige Reihenfolge.**
- **Schreibe das Gedicht richtig auf.**
- **Während ein Kind das Gedicht vorträgt, sorgt die Klasse für die passenden Tiergeräusche.**

_____

_____

_____

_____

_____

_____

_____

_____

_____

- **Kannst du das Gedicht mithilfe der anderen Kinder auswendig vortragen?**

Name: Datum:

Ein Gedicht auswendig lernen

Der Frühling

Hörst du
die Mi Ma Meise
und die Vi Va Vögel?

Siehst du
die Wi Wa Wolke
und die Kni Kna Knospe?

Riechst du
die Bli Bla Blume
und die Ti Ta Tulpe?

Spürst du
die Si Sa Sonne
und die Wi Wa Wärme?

Schmeckst du
die Bi Ba Beeren
und die Ki Ka Kirschen?

Dann ist er da:
Der Fri Fra Frühling.

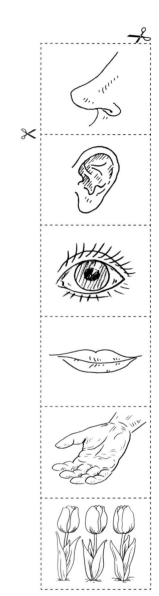

- **Schneide die Bilder rechts aus und klebe sie passend zu den Strophen auf.**
- **Lies dir das Gedicht dreimal durch.**
- **Markiere wichtige Wörter.**
- **Schreibe das Gedicht ab.**
- **Lies dir das Gedicht noch einmal durch.**
- **Versuche, das Gedicht deinem Partner / deiner Partnerin auswendig aufzusagen. Die Reihenfolge der Bilder kann dir dabei helfen.**

Name: Datum:

Der Gedichtvortrag

Name: _____	☆☆☆	☆☆	☆
Ich habe die Überschrift genannt.			
Ich habe den Dichter / die Dichterin genannt.			
Ich habe laut und deutlich gesprochen.			
Ich habe richtig betont und Pausen gemacht.			

- -

Name: Datum:

Der auswendige Gedichtvortrag

Name: _____	☆☆☆	☆☆	☆
Ich habe die Überschrift genannt.			
Ich habe den Dichter / die Dichterin genannt.			
Ich habe laut und deutlich gesprochen.			
Ich habe richtig betont und Pausen gemacht.			
Ich habe das Gedicht vollständig und in der richtigen Reihenfolge aufgesagt.			

Gedichte-Rallye

Was reimt sich nicht auf Gedicht?

Gericht (A)   Gesicht (O)   Gewicht (T)   Geschichte (K)

Wie heißt jemand, der Gedichte schreibt?

Schreiberin (I)   Dichter (R)   Entdeckerin (K)   Erfinder (A)

Wo stehen Reimwörter im Vers?

am Ende (E)   am Anfang (U)   in der Mitte (R)   egal wo (W)

Wie heißt die Mehrzahl von Vers?

Verse (U)   Vers (S)   Verses (D)   Versen (O)

Was ist ein bekanntes Reimschema?

Päarchenreim (M)   Freundschaftsreim (N)   Nebenreim (P)   Paarreim (Z)

Wie nennt man eine Zeile im Gedicht?

Satz (E)   Aufgabe (U)   Vers (R)   Nummer (G)

Aus wie vielen Wörtern besteht ein Elfchen?

neun (U)   zehn (Z)   elf (E)   zwölf (B)

Wie viele Silben hat ein Haiku?

zwölf (V)   fünfzehn (D)   siebzehn (I)   zwanzig (H)

Wie viele Reihen hat ein Haiku?

drei (M)   fünf (J)   sieben (L)   neun (P)

Lösungswort: __ __ __ __ __ __ __ __ __ __

Elfchen

_____

_____ _____

_____ _____ _____

_____ _____ _____ _____

_____

Rondell

Zeile 1: _____ .

Zeile 2: _____ .

Zeile 3: _____ .

Zeile 4: _____ .

Zeile 5: _____ .

Zeile 6: _____ .

Zeile 7: _____ .

Zeile 8: _____ .

Haiku

Bastelanleitung:
Die Vorlage ausschneiden
und an den Linien falten.

Akrostichon

Bastelanleitung:
Die Vorlage ausschneiden und an
den Linien wie eine Ziehharmonika
falten. Schneide die Reihen, die du
nicht benötigst, ab.

Name: Datum:

Limerick

Zeile 1:

Zeile 2:

Zeile 3:

Zeile 4:

Zeile 5:

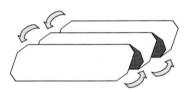

Bastelanleitung:
Die Vorlage ausschneiden und an den Linien wie eine
Ziehharmonika falten. Schreibe in jede Falte einen Vers.
Die Überschrift schreibst du auf die zugeklappte Vorlage.

Mein Lieblingsgedicht

Schmuckblatt

Name:

Datum:

Schmuckblatt

Name:

Datum:

Schmuckblatt